NIVEAU 1

Un étrange voisin

Claire Miquel

Édition : Brigitte Faucard
Illustrations : Jean-Pierre Foissy
Direction artistique audio : Anne-Sophie Lesplulier
Conception couverture et mise en page : Christian Blangez

Torrelaguna, 60 - 28043 Madrid
ISBN : 13: 978-84-96597-29-7

1. L'histoire, les personnages. Observe la couverture.

D'après toi, qui va raconter l'histoire, le jeune garçon ou le monsieur ?

....

2. Parle de toi... Entoure. (Plusieurs réponses possibles).

a. Le matin, tu manges *des céréales – des tartines de beurre – des fruits.*

b. Au petit-déjeuner, tu bois *du chocolat chaud – du lait – un jus de fruits.*

c. Tu préfères *le miel – les bonbons – les légumes.*

d. À l'école, tu apprends *l'anglais – l'espagnol – le français.*

3. Regarde les illustrations du livre. Où vois-tu...

a. un pot de confiture ? page ......

b. une voiture noire ? page ......

c. un magazine ? page ......

4. Associe.

a. Un boulanger •	• est un agent secret.
b. Un fromager •	• écrit des livres.
c. Un espion •	• vend du pain.
d. Un romancier •	• vend du fromage.

Présentation

Quentin :
il a 12 ans, il est curieux,
il aime les histoires.

Madame Dupuis :
elle travaille dans
un cabinet d'assurances.
C'est une personne triste.

Monsieur Langdon :
il est anglais, il est
étrange, il raconte
des histoires.

Jules :
il a 12 ans, c'est le
meilleur ami de Quentin.

Chapitre 1

Trop jeune ?

– Quentin ! Viens ! Le petit-déjeuner est prêt !

Et voilà ! Ça commence ! Tous les matins, maman m'appelle pour prendre le petit-déjeuner. Tous les matins, je mange mes tartines : deux tranches de pain, du beurre et de la confiture. J'adore la confiture !

– Quentin, ne mets pas trop de confiture sur ta tartine !

Et voilà ! Tous les matins, c'est la même chose : impossible de mettre deux centimètres de confiture de fraises sur ma tartine... maman voit tout, c'est terrible !

Après, je bois mon chocolat chaud, avec trois **morceaux** de **sucre**, **bien sûr**. Alors, je pose ma main sur la boîte à sucre, discrètement, et je l'ouvre sans faire de bruit.

trop : excessivement. *Il est trop gros, il fait un régime : il mange de la salade, des fruits...* Trop de : quantité excessive de. *Il mange trop de gâteaux, c'est mauvais pour la santé.*

un morceau : portion d'une chose (d'un pain, d'un gâteau...). *Tu peux me donner un morceau de fromage, s'il te plaît.*

le sucre : produit alimentaire utilisé pour faire des desserts (gâteau, flan, glace...). Le sucre provoque des caries.

bien sûr : naturellement.

– Quentin, un morceau de sucre, ça suffit !

Maman n'a pas seulement deux yeux, comme tout le monde, elle a aussi des yeux *derrière* la tête. Elle voit devant et derrière.

– Maman, tu ne veux pas être **espionne** ? Détective ?

Quand je dis ça, maman ne rit pas.

Maintenant, vous connaissez mon premier grand drame : maman n'est pas **drôle**. Elle ne rit pas **souvent**, elle est toujours un peu triste. Et moi, c'est le contraire !

– Tu es comme ton père !

Le problème, c'est que mon père est mort. Alors, c'est facile de dire : « Tu es comme ton père ! »

– Ah, ton père, ce héros… soupire maman.

Voici le deuxième drame de ma vie : mon père est mort, mais c'est un héros. Je ne sais pas pourquoi, je ne sais pas comment, mais mon père est un héros.

Quel héros ? Un *superman* ? Un astronaute ? Un footballeur ?

Quand je pose des questions sur mon père, maman dit **toujours** :

un(e) espion(ne) : personne qui cherche des informations secrètes sur un pays étranger. *James Bond est un espion très connu.*

drôle : qui aime rire et fait rire.

souvent : d'une manière fréquente. *Je vais souvent au cinéma, deux ou trois fois par semaine.*

toujours : tout le temps. *Au petit-déjeuner, je prends toujours la même chose : deux tartines de beurre et un chocolat chaud.*

– Quentin, un morceau de sucre, ça suffit !

– Tu es trop jeune.

Et voilà le troisième drame de ma vie : ma mère pense que je suis un bébé.

Vous imaginez ? J'ai 12 ans. Douze. Pas deux ans ! Et maman me répète tout le temps : « Tu es trop jeune. » !

C'est vrai, je suis petit pour mon âge. Tout le monde pense que j'ai dix ans, c'est terrible…

Elle répète aussi : « Quentin, c'est l'heure ! », « N'oublie pas tes **clés** ! », « Travaille bien ! »

Quelquefois, je rêve la nuit : maman a des yeux partout et répète les mêmes phrases, comme un **perroquet**. C'est un très mauvais rêve.

* * *

Enfin ! Je pars au collège. Heureusement, je retrouve mon copain Jules. Jules est comme moi : il a douze ans (*douze !*) ; il est sympathique et il **râle** contre ses parents. Mais Jules est aussi très différent de moi : d'abord, il est grand, lui ! Ensuite, il est mauvais élève. Enfin, il a deux frères et une sœur. Et sa mère a toujours le sourire. Et moi, j'ai une mère triste.

une clé : instrument de métal pour fermer et ouvrir les portes des maisons.

quelquefois : de temps en temps, pas fréquemment. *Quelquefois, je vais à la piscine avec mes copains. Une fois par mois.*

un perroquet : oiseau qui a des plumes de toutes les couleurs et qui imite la voix humaine.

râler (contre quelqu'un) (fam.) **:** manifester sa mauvaise humeur, protester. *Mon frère est paresseux. Quand maman nous demande de mettre la table, il râle.*

Heureusement, je retrouve mon copain Jules.

– C'est normal, Quentin ! Ta maman est seule, elle est triste ! me dit la mère de Jules.

– Normal ? Pourquoi ? !

– Tu es trop jeune pour comprendre !

Et voilà ! Elle aussi ! À douze ans, je suis trop jeune. Je ne peux pas comprendre !

En réalité, je comprends très bien : maman est triste parce que mon père est un héros. Enfin non, parce que mon père est mort.

Donc, la solution au problème, c'est trouver un père… euh… un père pour moi et un mari pour maman…

C'est très compliqué. Trouver un père, c'est peut-être possible. Mais trouver un héros ? Où ? Comment ?

Bien sûr, je ne parle pas de tout ça à maman.

Imaginez un peu si je dis :

– Maman, je cherche un père... euh… non… euh… un mari… euh… un héros pour toi !

Rappelez-vous : ma mère n'a pas le sens de l'humour.

1. Vrai ou faux ?

	V	F
a. Quentin aime le sucré.	☒	☐
b. La maman de Quentin est détective.	☐	☒
c. Le père de Quentin habite dans le village.	☐	☒
d. Quentin a deux ans.	☐	☒

2. Associie.

a. La maman de Quentin est un peu...	• toujours le sourire.
b. Jules est...	• mauvais élève.
c. La maman de Jules a...	• un copain, Jules.
d. Quentin a...	• triste.

3. Réponds.

a. Pourquoi la maman de Quentin est triste ?

....

b. Quelle solution propose Quentin pour elle ?

....

4. Qui parle ?

a. « Le petit-déjeuner est prêt ! » C'est maman..........

b. « Tu es comme ton père ! » C'est maman..........

c. « C'est normal, Quentin ! » C'est ..maman..........

d. « Je cherche un père... euh... » C'est maman..........

Il a des canards et trois chèvres.

Chapitre 2

Un Anglais très secret

Dans mon village, il y a un personnage extraordinaire. C'est monsieur Langdon. Il est anglais, mais il parle parfaitement le français. J'**aime bien** son accent : il est très **doux** et **assez** amusant.

Monsieur Langdon est grand, maigre, avec une petite moustache. Il a les yeux bleus. Il ne rit pas avec la bouche, il rit avec les yeux. Quel âge a-t-il ? C'est difficile à dire. Mais moi, j'ai une grande expérience des adultes et je peux affirmer que monsieur Langdon a 47 ans.

Monsieur Langdon vit seul. Seul ? Pas exactement ! Il a deux chiens, un chat, des poules, des **canards** et trois **chèvres**.

aimer bien (quelque chose) : trouver agréable, intéressant, amusant (quelque chose). *J'aime bien les jeux vidéo.*

doux : agréable à entendre. Ici, contraire de *dur*.

assez : avec la quantité et l'intensité nécessaire. *Ce film est assez intéressant. Va le voir.*

un canard : oiseau qui a un large bec et des pattes palmées. Il nage très bien.

une chèvre : animal qui vit dans une ferme ou dans les montagnes. Elle a des cornes et peut sauter. On fait du fromage avec son lait.

– Tu vois, mon **poulet**, j'ai des œufs frais tous les jours !

Monsieur Langdon m'appelle *mon poulet*. C'est inquiétant... Je vais peut-être finir dans une assiette !

À vrai dire, je n'ai pas très peur. Monsieur Langdon est très **gentil**. Quelquefois, il me donne du fromage de chèvre.

– C'est pour toi et pour ta maman.

Maman adore le fromage de chèvre. C'est son **point faible**. Maman et le fromage, c'est comme moi et la confiture. Mais maman est raisonnable. Elle ne met pas deux centimètres de fromage sur son pain, elle !

* * *

Revenons à monsieur Langdon.

Je ne connais pas sa profession, c'est un grand secret. Toute sa vie est secrète. Il est toujours seul avec ses animaux. Il ne parle pas beaucoup avec les gens du village. Il est toujours **poli**, mais un peu distant. Il n'a pas d'amis, **sauf** moi.

En général, je le vois dans son jardin. Il donne à manger à ses animaux. Les poules et les canards sont anglais, vous savez. Ils comprennent et ils parlent seulement l'anglais. Par exemple, les poules ne font pas

un poulet : petit de la poule qui a de trois à dix mois. Ici, terme affectueux ; en France, on utilise des noms d'animaux dans le langage affectueux.

gentil : aimable, sympathique.

un point faible : petit défaut.

poli : courtois, bien élevé. *Les enfants de mes voisins sont très polis. Ils disent toujours bonjour, merci...*

sauf : excepté.

C'est un vrai plaisir de l'écouter quand il raconte une histoire !

« cot-cot » comme les poules françaises, elle font « cluck-cluck ». Les canards sont **bizarres** : ils disent « quack-quack » au lieu de « couin-couin ».

Ils sont originaux, ces animaux !

J'aime bien monsieur Langdon pour une autre raison : il raconte des histoires.

« Certaines personnes donnent des **bonbons** aux enfants. Moi, je donne des histoires », dit souvent monsieur Langdon.

C'est un vrai plaisir de l'écouter quand il raconte une histoire !

J'adore aller le voir le dimanche après-midi.

Il commence une histoire et moi, je ne vois pas le temps passer. Certaines histoires font peur, d'autres pas. Il

bizarre : étrange, original, pas très normal.

un bonbon : *Pour les fêtes d'anniversaires, on donne souvent des paquets de bonbons aux enfants : à la fraise, à la framboise... Mais c'est mauvais pour les dents !*

y a des crimes, des **enlèvements**, des mystères, des secrets, des espions...

– Reviens dans deux jours, pour la **suite**, mon poulet !

Deux jours ! C'est long !

– C'est plus intéressant par petits morceaux, non ? demande monsieur Langdon avec un sourire.

Cet homme est **vraiment** étrange. Il n'a pas d'enfants mais il connaît bien les enfants.

– Je connais bien les êtres humains, dit quelquefois monsieur Langdon.

Il dit toujours cela avec tristesse. Je ne sais pas pourquoi.

* * *

– **Qu'est-ce que vous faites, dans la vie ?**

Je suis très curieux de nature. C'est mon caractère. « Quentin, tu es trop curieux. Quentin, tu es indiscret ! », reproche toujours maman.

Mais moi, j'adore poser des questions. Souvent, les adultes **sont gênés** par mes questions. Monsieur Langdon, lui, a toujours une réponse.

– Mon poulet, je raconte des histoires, j'**élève** des animaux et je fais du fromage de chèvre. C'est tout !

un enlèvement : kidnapping, rapt.

la suite : choses, faits qui viennent après. *J'aime beaucoup cette série télévisée et je veux connaître la suite.*

vraiment : réellement.

qu'est-ce que vous faites, dans la vie ? : quelle est votre profession ?

ils sont gênés : ils se sentent déconcertés, ils ne savent pas quoi dire.

élever (des animaux) : donner à manger et s'occuper (d'animaux).

C'est peut-être un gangster ?

Je ne sais pas pourquoi, je ne le crois pas. Je connais les hommes ! J'ai douze ans, je sais observer. Je ne suis pas idiot !

En effet, pour vivre, **il faut** de l'**argent**.

Maman le répète souvent. Alors, monsieur Langdon gagne de l'argent avec ses fromages ? Impossible…

Moi, j'ai mon idée sur la question. Monsieur Langdon a une autre activité. Il a une double vie.

C'est peut-être un gangster ? Au cinéma, les gangsters sont souvent très gentils. Les gens ne pensent pas qu'ils sont dangereux. Le problème, c'est que monsieur Langdon est *vraiment* gentil.

C'est peut-être un agent secret ? Non, impossible. Je sais que les espions ont toujours une vie normale. Ils sont employés de banque, ingénieurs, techniciens… Ils ont une profession normale. Mais ce n'est pas le cas de monsieur Langdon !

Alors, qui est donc cet Anglais ?

il faut : il est nécessaire (de). *Pour faire des crêpes, il faut de la farine, du lait et des œufs.*

l'argent : *Avec de l'argent, on peut acheter des choses : du pain, des livres...*

COMPRENDRE

1. C'est qui ? Complète les phrases.

a. Il est anglais, c'est ......

b. Il a une petite moustache, c'est ......

c. Il a une grande expérience des adultes, c'est ......

d. Il est vraiment gentil, c'est ......

e. Elle adore le fromage de chèvre, c'est ......

2. Vrai ou faux ?

	V	F
a. Monsieur Langdon est seul avec ses animaux.	☐	☐
b. Monsieur Langdon n'a pas d'amis dans le village.	☐	☐
c. Quentin parle anglais avec les canards.	☐	☐
d. Quentin aime les histoires.	☐	☐

3. Entoure les bonnes réponses.

a. Quentin est *curieux de nature – indifférent à tout.*

b. Il pense que monsieur Langdon *peut vivre de ses fromages – a une activité secrète.*

c. Il imagine que son voisin est *un employé de banque – un gangster.*

4. Replace les mots dans les phrases : *idiot, anglais, distant, indiscret, poli.*

a. Monsieur Langdon n'est pas français, il est ......

b. Monsieur Langdon est toujours ......, mais un peu ......

c. Quentin est ......

d. Quentin n'est pas ......

Chapitre 3

Une étrange visite

Dimanche matin, comme tous les dimanches, je vais au **marché**. C'est un petit marché sur la place du village. Il y a un marchand de légumes, un fromager, un boucher, un boulanger et surtout, une marchande de confitures et de miel (c'est ma préférée !). Tout le monde, au village, va au marché le dimanche matin. Vous comprenez, ici, les gens sont **gourmands**.

– C'est très français, la **gourmandise**, dit monsieur Langdon. J'adore la France pour ça !

Moi, j'adore les confitures de Nadine (c'est la marchande).

« Tu ne peux pas manger seulement des confitures ! me dit souvent Nadine. Tu dois aussi manger des légumes frais, des fruits, du poulet !

– Nadine, vous parlez comme maman !

un marché : lieu public où les commerçants installent et vendent des marchandises : viande (chez le boucher), pain (chez le boulanger), légumes (chez le marchand de légumes...) En général, il y a un marché une fois par semaine dans les villes et villages.

gourmand : qui aime les bons plats, qui mange avec un grand plaisir.

la gourmandise : caractère d'une personne gourmande.

– Mais oui, mon **lapin**. »

Nadine m'appelle *mon lapin*. Vous voyez, quelquefois je suis *mon poulet*, quelquefois *mon lapin*. Et quand Maman est très contente (ce n'est pas souvent), elle m'appelle *mon canard*…

* * *

Après le marché, je reviens à la maison. Je passe devant la maison de mon ami, monsieur Langdon. Et là, j'ai un choc ! Je vois une grosse voiture noire arrêtée devant la porte de son jardin !

Vous ne comprenez pas. Ici, dans mon village, il n'y a pas beaucoup de voitures. En été, il y a des touristes, mais en mars, non. Une nouvelle voiture dans le village est une chose extraordinaire !

Cette voiture est énorme. Le **numéro d'immatriculation** est 75. La voiture vient de Paris. De Paris !

Je décide de marcher lentement pour pouvoir observer *discrètement* la maison de monsieur Langdon. Je vois mon ami anglais en conversation avec deux hommes. Impossible de rester devant la maison. Je pense alors à la phrase de maman : « Quentin, tu es indiscret ! » Bon ! D'accord ! Je rentre à la maison.

Et là, une surprise m'attend !

un lapin : petit animal qui a de longues oreilles et qui adore les carottes.

un numéro d'immatriculation : en France, sur les plaques d'immatriculation des voitures, apparaît un numéro à deux chiffres, à droite. Il correspond à des départements français. Le numéro 75 est le numéro de Paris.

Je vois une grosse voiture noire arrêtée devant la porte de son jardin !

Je cherche maman. Je vais dans sa chambre. Elle n'est pas là. Je vois alors, à côté de son lit, un **magazine**. Bizarre, il est en anglais !

C'est étrange, parce que maman ne parle pas anglais. Je prends le magazine et qu'est-ce que je vois ? Une photo de monsieur Langdon !

Ce n'est pas fini ! Imaginez le choc : sous la photo, il y a une ligne en anglais : « *The Criminal,* by John Evans ». Je suis stupéfait. Je ne parle pas anglais (j'étudie l'espagnol au collège), mais je comprends parfaitement ! Monsieur Langdon ne s'appelle pas Langdon, mais Evans. Et surtout : monsieur Langdon est un criminel !

Quelle histoire ! Maman sait tout ça et elle ne réagit pas !

Elle m'autorise à aller chez monsieur Langdon pour écouter des histoires ! Les histoires d'un criminel ! Ses propres crimes, sans doute. Quelle horreur !

* * *

La nuit arrive. Impossible de dormir.

Les mêmes pensées viennent et reviennent dans ma tête : Monsieur Langdon, un criminel ? Lui, le gentil monsieur Langdon ? Mais c'est lui sur le magazine, c'est clair… Et le silence de maman… je ne comprends pas…

Le lendemain, sur le chemin du collège, je passe devant la maison de monsieur Langdon. Il travaille dans son jardin, comme toujours. Il me dit bonjour très aimablement, comme toujours :

un magazine : revue illustrée.

Monsieur Langdon est un criminel !

– À dimanche prochain, pour une nouvelle histoire !

Je veux parler de la visite d'hier, du magazine anglais, mais les mots ne sortent pas de ma bouche. Pour la première fois de ma vie, je ne pose pas de question ! Moi, le roi des curieux !

1. Entoure la bonne réponse.

a. Le dimanche matin, Quentin va *jouer au foot – au marché.*

b. Monsieur Langdon *adore – déteste* la gourmandise des Français.

c. Quentin doit manger *des légumes – des hamburgers.*

d. La marchande parle comme la maman de *Jules – Quentin*.

2. Replace les mots dans les phrases : *voiture, touristes, anglais, maison, photo, hommes.*

a. Quentin passe devant la ...... de monsieur Langdon.

b. Quentin voit une ...... noire.

c. En été, il y a des ...... dans le village.

d. Monsieur Langdon parle avec deux ......

e. Quentin trouve une ...... de monsieur Langdon dans un magazine.

f. La maman de Quentin ne parle pas ......

3. Vrai ou faux ?

	V	F
a. Quentin ne peut pas dormir.	☐	☐
b. Il pense que monsieur Langdon est un criminel.	☐	☐
c. Quentin comprend le silence de sa mère.	☐	☐
d. Le lendemain, comme toujours, monsieur Langdon salue Quentin.	☐	☐
e. Quentin parle à monsieur Langdon des hommes à la voiture noire.	☐	☐

– *Jules, au tableau !*

Chapitre 4

Je ne peux pas compter sur Jules !

J'arrive au collège, juste quand on entend la **sonnerie**. Je veux tout raconter à Jules, mon copain. Vous savez, mon bon copain qui est mauvais élève. Impossible, nous avons un cours de maths ! Le professeur est gentil, mais je déteste les maths.

Aujourd'hui, le professeur interroge les élèves. Quelle horreur ! Ce n'est pas le moment ! Moi, je pense à monsieur Langdon et à ses crimes. Je ne pense pas à la géométrie.

– Jules, au tableau !

Pauvre Jules, il ne sait pas répondre aux questions du professeur.

Et brusquement, la catastrophe :

une sonnerie : signal sonore qui annonce aux élèves que la récréation est finie, que les cours vont commencer.

C'est vrai, monsieur Langdon n'a pas la télévision. Tout le village le sait. Cela fait sourire mon ami anglais : « Je suis le seul, mais c'est important pour les statistiques, tu sais. Je suis très **fier** d'être dans les 3 % de gens qui n'ont pas la télé en France ! J'aime être en minorité ! »

Comme Jules, je ne peux pas imaginer la vie sans télé.

« Qu'est-ce que vous faites, le soir, monsieur Langdon ? je demande.

– Je lis, j'écris…

– Vous écrivez des histoires ? »

Monsieur Langdon ne répond pas.

Jules n'a pas d'imagination. Mais ça n'a pas d'importance. C'est mon copain.

La récréation se termine…

* * *

C'est l'heure du cours de géographie.

– Jules, quelle est la capitale de la Grande-Bretagne ?

Ce n'est pas possible ! Pourquoi ? Pourquoi la Grande-Bretagne ? Pourquoi pas la Russie, le Pérou ou le Japon ? Monsieur Langdon est toujours présent…

Jules me regarde. Puis il regarde le professeur, surpris.

– Monsieur, la capitale de quoi ?!

– De la Grande-Bretagne ! Tu ne connais pas la Grande-Bretagne ?!

fier : orgueilleux.

– Je lis, j'écris…

Tous les élèves **éclatent de rire**. Ils crient :
– L'Angleterre ! L'Angleterre !

– Non, dit le professeur, l'Angleterre est une région de la Grande-Bretagne ! Alors, Jules ?

– Londres ?

C'est la première fois que Jules donne une réponse correcte !

– Quentin, quel est le nom du fleuve qui traverse Londres ?

– La Tamise !

Maintenant, je peux le dire : je suis très fort en géographie. En particulier, la géographie de l'Angleterre, pardon, de la Grande-Bretagne. Je connais le nom de toutes les villes, des régions. Il y a une seule chose que je ne sais pas : de quelle région est monsieur Langdon… ?!

éclater de rire : rire fort de manière spontanée. *J'adore Charlie Chaplin. Quand je vois ses films, souvent j'éclate de rire.*

COMPRENDRE

1. Coche les mots en relation avec le cours de maths.

a. géographie ☐	**d.** géométrie ☐	**g.** fromage de chèvre ☐
b. professeur ☐	**e.** jardin ☐	**h.** triangle ☐
c. tableau ☐	**f.** criminel ☐	**i.** élève ☐

2. Vrai ou faux ?

	V	F
a. Quentin raconte tout à Jules.	☐	☐
b. Jules comprend rapidement.	☐	☐
c. Monsieur Langdon est bizarre, parce qu'il n'a pas la télévision.	☐	☐
d. Jules a beaucoup d'imagination.	☐	☐
e. Le soir, chez lui, monsieur Langdon joue aux cartes.	☐	☐

3. Entoure la bonne réponse.

a. Pendant le cours de maths, Quentin *se concentre sur son travail – pense aux histoires de monsieur Langdon*.

b. Jules *comprend – ne comprend pas* l'amitié entre Quentin et monsieur Langdon.

c. Pendant le cours de géographie, on parle *de la Russie – de la Grande-Bretagne.*

d. Pendant toute sa journée au collège, Quentin *est obsédé par le mystère Langdon – oublie son voisin anglais.*

Chapitre 5

Bizarre, vraiment très bizarre !

Enfin, c'est dimanche après-midi ! Je **file** chez monsieur Langdon pour mon histoire.

C'est décidé, aujourd'hui, je pose mes questions. Par exemple : « Monsieur Langdon, vous avez des amis à Paris ? »...

J'arrive chez monsieur Langdon et je vois, devant la porte, la **même** voiture que la semaine dernière ! Monsieur Langdon est dans le jardin avec les deux hommes. Il m'appelle :

– Viens, Quentin !

Monsieur Langdon ne m'appelle *jamais* « Quentin », sauf quand c'est sérieux ! **Mon cœur bat très fort**.

Les deux hommes sont français. Ils sont très différents de mon ami anglais. L'un a cinquante ans, je pense. Il n'est pas très grand et assez gros. Il a le **teint** rouge et il est

filer : courir.

même : identique.

mon cœur bat très fort : mon cœur palpite, à cause de l'émotion.

le teint : couleur (de la peau) du visage.

chauve. Enfin… il est presque chauve : il a encore trois ou quatre cheveux sur la tête... Il me **regarde fixement**, derrière ses petites lunettes. Il a l'air assez gentil.

Le deuxième homme est jeune. Il a trente ans, peut-être. C'est sûrement un sportif. Il est immense. Il a les épaules larges, il est très musclé. Il doit être joueur de football ou de basket. Il est blond, très **bronzé**. Il a les yeux bleus, comme les hommes des publicités. **Il ne me plaît pas beaucoup**. Je n'aime pas les grands (sauf monsieur Langdon... et Jules, bien sûr !)

Lui, c'est le contraire : il ne me regarde pas.

C'est un **type** arrogant, sûr de lui.

Alors, moi, je fais la même chose : je l'ignore. Je me tourne vers mon ami anglais et le petit gros. Monsieur Langdon fait les présentations.

– Messieurs, je vous présente Quentin Dupuis. Quentin, je te présente monsieur Legrand…

Évidemment, je fais une **gaffe** : je ris. Ce n'est pas très intelligent de ma part, je sais, mais s'appeler Legrand quand on est petit, ça fait rire.

chauve : qui n'a pas de cheveux.

regarder fixement (quelqu'un) : regarder quelqu'un avec intensité, sans bouger les yeux.

bronzé : qui a la peau brune, à cause du soleil.

il ne me plaît pas beaucoup : ici, je ne le trouve pas agréable, sympathique.

un type (fam.) **:** homme.

une gaffe (fam.) **:** bêtise, action pas très intelligente.

– Et voici Frank Richemont.

– Et voici Frank Richemont, ajoute monsieur Langdon d'un air sévère.

Lui, c'est le grand basketteur.

Monsieur Langdon est vraiment sérieux. Il me regarde d'un air bizarre. Je ne sais pas pourquoi, je commence à **trembler** un peu.

* * *

– Quentin, ces messieurs ont des questions à te poser.

Quelles questions ? Je ne sais pas pourquoi, mais j'ai peur. Monsieur Langdon est différent, aujourd'hui. Je suis **inquiet** et j'**ai mal à** l'estomac.

trembler : être agité de petits mouvements répétés. *J'entends des bruits étranges. J'ai peur, je tremble un peu.*

inquiet : préoccupé.

avoir mal (à) : souffrir (de). *Tu as mal à la tête ? Prends une aspirine.*

Monsieur Legrand, le petit gros, pose la première question. Il parle calmement et avec amabilité.

– Tu t'appelles comment ?

Il sait mon nom par monsieur Langdon mais je réponds :

– Quentin Dupuis.

– Tu habites...

– Dans la grande maison aux persiennes bleues, là-bas.

– Tes parents ?

– Ma mère travaille dans un **cabinet d'assurances**.

– Ton père ?

Silence. Je ne sais pas pourquoi, je suis paralysé. Incapable de répondre. Je regarde monsieur Langdon. Il ne dit pas un mot. Je fais comme lui. Les deux hommes attendent. Puis monsieur Legrand répète sa question :

– Ton père ?

Je dis brusquement, avec orgueil :

– Mon père est un héros !

Pour la première fois, le grand basketteur et le petit gros sourient aimablement.

– Où est ton père ?

– Il est mort.

un cabinet d'assurances : bureau où on fait des assurances, c'est-à-dire des contrats qui permettent d'être indemnisé en cas de vol ou d'accident.

Je vois, très clairement, des larmes dans ses yeux !

– Quand ? Comment ?

– **À ma naissance**. Je ne sais pas comment. Ma mère dit que je suis trop jeune pour comprendre !

– Quel âge as-tu ?

– *Douze ans !* (J'insiste bien sur le « douze ».)

– Douze ans…

Les trois hommes se regardent. Monsieur Legrand parle lentement :

– C'est ça ! C'est lui, c'est certain…

Monsieur Langdon a une attitude vraiment bizarre. Il me regarde. Je vois, très clairement, des **larmes** dans ses

à ma naissance : quand je suis né.

une larme : goutte de liquide transparent qui apparaît dans les yeux quand on est triste. *Quand quelqu'un pleure, il verse des larmes.*

yeux ! Monsieur Legrand continue. Il parle **avec douceur**.

– Ta maman est là, aujourd'hui ?

– Oui... C'est dimanche ! Elle ne travaille pas !

– Nous pouvons la voir ?

– Pourquoi ? Vous êtes qui ? dis-je d'un ton brusque.

Je **me plante** alors **devant** eux. Je suis petit, mais je n'ai pas peur du grand basketteur. Pour la première fois, il parle.

– Nous sommes des **collègues** de ton père. Des amis aussi. Nous voulons voir ta mère pour cette raison. Nous avons des choses importantes à lui communiquer.

Je suis stupéfait. Je ne peux pas dire un mot.

Alors, monsieur Legrand dit :

– Viens, mon petit, accompagne-nous chez ta maman. John, vous venez ?

John ! « The Criminal ! » Il vient avec nous. Le criminel vient avec nous. Les autres sont peut-être aussi des criminels ? Mon père ? Mon père, un criminel ?

Impossible, mon père est un héros.

avec douceur : avec amabilité, d'une voix agréable.

se planter devant quelqu'un : rester debout, immobile, devant quelqu'un.

un collègue : camarade de travail.

1. Entoure la bonne réponse.

a. Monsieur Legrand est *grand – assez gros.*

b. Frank Richemont est *très grand – très petit.*

c. Monsieur Legrand a *des lunettes – une moustache.*

d. Frank Richemont a *50 ans – 30 ans.*

e. Frank Richemont est *chauve – blond.*

2. Vrai ou faux ?

	V	F
a. Quentin pose des questions à monsieur Legrand.	☐	☐
b. Quentin sait comment son père est mort.	☐	☐
c. Monsieur Langdon pleure discrètement.	☐	☐
d. Quentin a peur de Frank Richemont.	☐	☐
e. Les deux hommes veulent voir la mère de Quentin.	☐	☐

3. Replace les mots dans les phrases : *trembler, criminels, cœur, fixement, présente, sérieux.*

a. Le ...... de Quentin bat très fort.

b. Monsieur Legrand regarde Quentin ......

c. Monsieur Langdon ...... Quentin aux deux hommes.

d. Quentin commence à ......

e. Monsieur Langdon est vraiment ......

f. Les deux hommes sont peut-être des ......

– Non, maman ! Je reste !

Chapitre 6

Tout s'explique...

Nous arrivons à la maison.

Maman ouvre la porte. Quand elle me voit, elle reste un moment **bouche bée**. Je dois avoir une tête bizarre !

Finalement, elle dit :

– Entrez ! Quentin, va dans ta chambre, s'il te plaît.

Alors, là, j'**explose**.

– Non, maman ! Je reste ! Ce sont des collègues de papa. Je reste, maman.

– Tu es **courageux**, comme ton père, dit monsieur Legrand avec un sourire.

– Il peux rester avec nous, dit monsieur Langdon à maman. Il a douze ans, il peut comprendre. Reste, Quentin.

bouche bée : la bouche ouverte, sans parler.
exploser : ici, parler avec véhémence.
courageux : qui n'a pas peur.

J'ai de nouveau mal à l'estomac.

Maman est très **pâle**, mais elle reste calme.

Monsieur Legrand commence son histoire. Il nous regarde, maman et moi.

– Nous sommes des collègues et amis de Philippe Dupuis, votre mari, madame. Ton père, mon garçon. Un homme **honnête** et très courageux. Il est mort en mission, **il y a douze ans** exactement. Nous avons ici des documents pour vous : son passeport, des photos, des lettres. Continuez, John, s'il vous plaît.

Monsieur Langdon **prend la parole**. Il **s'adresse à** moi.

– Tu sais, Quentin, j'ai bien connu ton père. Son histoire est un peu mon histoire avec une différence : moi, je suis **vivant**.

– Quelle histoire ? Quelle mission ? Vous êtes qui ?

Je retrouve ma capacité à poser des questions !

– Mon garçon, tu lis et tu écoutes beaucoup d'histoires, non ? Tu connais la profession d'agent secret ?

Mon père, un agent secret ! Monsieur Langdon ! Le petit gros ! Le grand basketteur ! Des agents secrets ! Tous

pâle : blanc. *Tu es très pâle. Tu es malade ?*

honnête : qui est loyal, intègre.

il y a douze ans : *Nous sommes en 2007. Je suis né le 6 août 1995 : je suis né il y a douze ans.*

prendre la parole : commencer à parler.

s'adresser à (quelqu'un) : parler à une personne en particulier.

vivant : contraire de *mort*.

C'est bizarre, elle est toute rouge.

devant moi ! Trois agents secrets chez moi, dans le salon !

– Vous êtes un agent secret ? Un vrai agent secret ?

Monsieur Langdon sourit.

– Avant, oui ; maintenant, c'est fini. Mais j'ai une autre profession secrète. Tu veux savoir ?

Évidemment !

– J'écris des **romans** policiers, mais sous un autre nom.

Et, chose extraordinaire, maman commence à parler. C'est bizarre, elle est toute rouge.

un roman : livre. *Il y a des romans d'aventures, de science-fiction, policiers...*

– Monsieur Langdon est en réalité le très célèbre John Evans, mon canard. Il est connu dans le monde entier.

– Alors, vous n'êtes pas un criminel ?!

Monsieur Langdon me regarde, stupéfait. Je file dans la chambre de maman et je rapporte le magazine. Quand maman voit le magazine, c'est bizarre, elle est vraiment rouge comme une tomate.

– Quentin…

– Regardez ! *The Criminal !*

– Eh oui, c'est le titre de mon dernier livre !

Et brusquement, il se passe une chose **incroyable** : maman éclate de rire ! Elle rit, elle rit !

– Mon canard, tu dois prendre des cours d'anglais ! Pourquoi pas avec monsieur Langdon ?

– Avec moi ?

Monsieur Langdon a une toute petite voix quand il parle à maman. Ils sont bizarres, ces deux-là… Je me demande si…

FIN

incroyable : difficile à croire.

Maman éclate de rire ! Elle rit, elle rit !

1. Replace les mots dans les phrases : *explose, porte, rester, chambre.*

a. La maman de Quentin ouvre la ......

b. Elle ordonne à Quentin de monter dans sa ......

c. Quentin ......

d. Monsieur Langdon dit qu'il peut ......

2. Entoure la bonne réponse.

a. Les deux hommes donnent *des documents – de l'argent* à la maman de Quentin.

b. Monsieur Langdon *a bien connu – n'a pas connu* le père de Quentin.

c. Le père de Quentin est mort *dans un accident de voiture – en mission.*

d. La profession du père de Quentin, c'était *photographe – agent secret.*

3. Réponds aux questions.

a. Qui est surprise devant les visiteurs ? ......

b. Qui ne se sent pas bien ? ......

c. Qui écrit des livres ? ......

d. Qui est rouge comme une tomate ? ......

e. Qui doit prendre des cours d'anglais ? ......

4. Corrige les cinq erreurs de ce résumé.

Maintenant, monsieur Langdon écrit des articles dans des magazines. En réalité, il s'appelle Frank Richemont. Il va peut-être donner des cours de mathématiques à Quentin. Quand il parle à la maman de Quentin, il a une grosse voix. L'histoire se termine mal.

Imagine...

a. Est-ce que Quentin va raconter toute l'histoire à Jules ?

b. Est-ce que la maman de Quentin va continuer à être triste ?

À ton avis...

C'est une histoire triste ? Une histoire d'espionnage ? D'amour ?

Réfléchis...

a. Est-ce qu'il est bon de poser beaucoup de questions ?

b. Est-ce qu'il est utile de parler une langue étrangère ?

Parle...

a. Et toi, est-ce que tu aimes écouter, lire des histoires ? Quelles histoires ?

b. Est-ce que tu as un ami spécial, un peu étrange ? un membre de ta famille original ?

c. Est-ce que tu es curieux, indiscret ?

d. Est-ce que tu inventes des histoires ?

CORRIGÉS

page 3

1. Le jeune garçon.

3. a. 7 **b.** 21 **c.** 23/29/45

4. a. vend du pain. **b.** vend du fromage. **c.** est un agent secret. **d.** écrit des livres.

page 11

1. a. vrai **b.** faux **c.** faux **d.** faux

2. a. triste. **b.** mauvais élève. **c.** toujours le sourire. **d.** un copain, Jules.

3. a. Parce que le père de Quentin est mort. **b.** Trouver un mari.

4. a. la maman de Quentin **b.** la maman de Quentin **c.** la maman de Jules **d.** Quentin

page 18

1. a. M. Langdon **b.** M. Langdon **c.** Quentin **d.** M. Langdon **e.** la maman de Quentin

2. a. vrai **b.** vrai **c.** faux **d.** vrai

3. a. curieux de nature **b.** a une activité secrète **c.** un gangster

4. a. anglais **b.** poli - distant **c.** indiscret **d.** idiot

page 25

1. a. au marché **b.** adore **c.** des légumes **d.** Quentin

2. a. maison **b.** voiture **c.** touristes **d.** hommes **e.** photo **f.** anglais

3. a. vrai **b.** vrai **c.** faux **d.** vrai **e.** faux

page 32

1. b - c - d - h - i

2. a. vrai **b.** faux **c.** vrai **d.** faux **e.** faux

3. a. pense aux histoires de monsieur Langdon **b.** ne comprend pas **c.** de la Grande-Bretagne **d.** est obsédé par le mystère Langdon

page 39

1. a. assez gros **b.** très grand **c.** des lunettes **d.** 30 ans **e.** blond

2. a. faux **b.** faux **c.** vrai **d.** faux **e.** vrai

3. a. cœur **b.** fixement **c.** présente **d.** trembler **e.** sérieux **f.** criminels

page 46

1. a. porte **b.** chambre **c.** explose **d.** rester

2. a. des documents **b.** a bien connu **c.** en mission **d.** agent secret

3. a. la maman de Quentin **b.** Quentin **c.** M. Langdon **d.** la maman de Quentin **e.** Quentin

4. Maintenant, monsieur Langdon écrit **des romans**. En réalité, il s'appelle **John Evans**. Il va peut-être donner des cours **d'anglais** à Quentin. Quand il parle à la maman de Quentin, il a une **petite** voix. L'histoire se termine **bien**.

N° éditeur : 10174355 - Dépôt légal : novembre 2010
Imprimé en France par France Quercy - N°01963a